J. Galot SJ   Apostolisch

J. Galot SJ

Apostolisch

Gebetsanregungen

Johannes-Verlag Leutesdorf

Dritte Auflage 1984

Mit kirchlicher Druckerlaubnis

Die Übersetzung des Originaltextes „Prières Apostoliques"
von P. J. Galot (Bibliotheca Alphonsiana, Louvain)
besorgte Maria-Petra Desaing OSU, Ahrweiler

Gesamtherstellung: Druckerei des Johannesbundes e.V.
D-5451 Leutesdorf am Rhein

ISBN 3-7794-0535-0

Zu beziehen durch die *KSM*
Katholische Schriften-Mission, D-5451 Leutesdorf

Da bin ich

Herr, da bin ich! Das ist meine Antwort auf deinen Ruf.

Verfüge über mich; stelle mich in deinen Dienst, damit ich mitwirke am großen Werk der Erlösung der Welt.

Ich bin entschlossen, meine Kräfte einzusetzen für alles, was du willst.

Mein Wille will den deinen erfüllen; deine Pläne sollen die meinen sein.

Meine Kraft und mein Mut sind unter allen Umständen bereit, meine Talente einzusetzen, damit sie hundertfältige Frucht bringen.

Mein Geist bemüht sich, meine Sendung so zu verstehen, wie du sie verstehst.

Mein Herz will alles lieben, was ich für dich tue.

Ich will den Glauben an deine Macht in mir entfalten.

Ich will die Hoffnung bewahren, daß meine Hingabe nicht fruchtlos bleibt.

Da bin ich mit meiner Liebe, um dir und allen, die du liebst, zu gehören.

Du verfügst über die Zeit

Ewiger Vater, du verfügst über die Zeit und über unsere ganze Zukunft, über die Zeiten des Aufstiegs der Kirche und über ihre ganze Geschichte.

Du förderst die Ausbreitung deines Reiches auf unfehlbar geraden Wegen – aber auf scheinbaren Umwegen –, in dem von dir bestimmten Rhythmus durch das Zusammentreffen verschiedener Ereignisse.

Sicher in ihren Entscheidungen, wählt deine Weisheit die Stunden der Gnade.

Wir sind eiliger, wir möchten den Rhythmus oft beschleunigen.

Wir träumen von Taten, die in einem Augenblick das Ziel erreichen und der Glaubensverkündigung sofort in der ganzen Welt Erfolg verleihen sollen.

Lehre uns, zu warten und der göttlichen Langsamkeit zu vertrauen.

Lehre uns verstehen, daß die christliche Botschaft in allen Nationen nur nach einer langen und tiefgehenden Entwicklung angenommen werden kann.

Hilf uns, jeden Augenblick deinen Absichten zu entsprechen und die Gnade, die du uns anbietest, voll und ganz aufzunehmen; so allein wird sie Frucht bringen.

Überall, wo du mich haben willst

Ich werde überall dahin gehen, wo du mich brauchen willst, um dein Werk fortzusetzen.

Herr, du siehst alles ganz klar; ich möchte, daß du mich beweglich und gelehrig findest, willig, wegzugehen und einen Platz aufzugeben, wenn du es verfügst,

ohne Klage eine Mehrarbeit oder das Beschwerlichste anzunehmen.

Hilf mir, offen und verfügbar zu sein, wenn du mich rufst;

verhindere, daß ich mich gemütlich irgendwo einrichte,

mich an etwas hänge;

hilf mir, immer wieder meine Pläne und Ansichten zu überprüfen auf ihren größeren Nutzen hin.

Überall, wo du mich haben willst, werde ich gern – von deiner Gnade gestützt – meine Zeit, mein Herz, meine Kräfte und meine Talente einsetzen, um deinem Reich zu dienen.

Apostel sein

Du hast gewollt, daß alles in mir, meine ganze Person mit all ihren Kräften, apostolisch ausgerichtet sei.

Mein Handeln genügt dir nicht; du willst als erstes mein Sein.

Du willst mein Inneres ergreifen, damit das Apostolat deine persönliche Gegenwart in mir ausstrahle, sich immer mehr erweitere und tief eindringe.

Es genügt nicht, deine Botschaft weiterzugeben oder sie gut auszudrücken; sie muß meinem ganzen Denken und Verhalten aufgeprägt sein.

Du mußt dabeisein, wenn ich spreche und handle, du mußt mich ganz besitzen.

Es ist deine Sache, aus mir und allem, was ich bin, einen Zeugen zu machen, einen Apostel, der ganz von deiner Liebe lebt, nur für dich da ist und für jene, die du liebst, der dein Evangelium lebt und weitergibt, ohne es zu wissen,

weil dein Geist mich erfüllt und zieht zu allem, was ich tue.

Ist mein Leben nützlich?

Ist mein Leben von Nutzen? Hilft es den anderen? Macht es sie besser? Wer hat Nutzen von ihm? Wer wird von ihm bereichert?

Herr, mir scheint, daß mein Leben umsonst wäre, trüge es keine Frucht;

daß eine unerträgliche Leere in ihm wäre, lebte ich nur für mich.

Ich möchte mehr: Ich möchte, daß mein Leben von bleibendem Nutzen sei.

Ich möchte das Los meines Nächsten sichern und bessern, ihm nie endendes Glück und ewige Freude erwirken.

Mein armes Leben und meine Kraft sind dazu unfähig. Aber du, Herr, verwertest alle Arbeit, die ich tue; du bewirkst, daß sie auch unbekannten Brüdern zum Guten dient.

Soweit mein Leben Geschenk und Hingabe meiner selbst ist, machst du es für andere nützlich.

Zeige mir, wie ich geben, wie ich in allem mich selbst hingeben kann, damit mein Leben fruchtbar werde!

Ihr werdet meine Zeugen sein

Ihr werdet meine Zeugen sein; denn ich verlasse die Welt und gehe zum Vater.

Ihr aber, ihr seid da, ihr macht mich gegenwärtig, wenn ich fort bin.

Ihr werdet meine Zeugen sein, Zeugen meines Wortes und meiner Lehre, wenn ihr der Botschaft treu bleibt, die ich euch hinterlassen habe.

Sie war vom Geist getragen, der nie müde wird, diese Botschaft in euch zu überprüfen, euch zu helfen, ihren Sinn neu zu entdecken, damit ihr sie besser und lebendiger darlegen könnt.

Ihr werdet meine Zeugen sein: Zeugen meiner Liebe und meiner großen Güte;

Zeugen meines Wohlwollens, das die gesamte Menschheit umfangen möchte;

Zeugen meines Eifers, der mich in den Dienst aller meiner Brüder gestellt hat.

Ihr werdet meine Zeugen sein: Zeugen des Opfers, das alles von mir verlangte, das aus dem Schmerz die Freude und aus dem Tode das Leben erweckte.

Ihr werdet meine Zeugen sein im ganzen Weltall bis an die Grenzen der Erde;

ihr werdet bestätigen, daß sich mein Herz allen Menschen öffnet und allen gehören will.

Begründe dein Reich in mir

Möge meine gelassene Hingabe an dich dein Reich in mir begründen!

Mein Leben soll echter und aufrichtiger werden, damit deine Wahrheit in ihm sichtbar werde.

Herr, ich will deine Frohbotschaft verbreiten, indem ich sie hochherziger in die Tat umsetze.

Damit in meiner Umgebung der Glaube wachse, will ich fester glauben,

dir angehören und deine Lehre überzeugter vertreten. Durch meine Hoffnung, durch mein optimistisches Vertrauen auf dich, den Sieger über Not und Tod, soll die dunkle Welt hoffnungsfroher werden.

Ich will in der kalten Welt durch die Wärme meiner Liebe die Liebe zur Entfaltung bringen, indem ich meinen Nächsten gütiger, freundlicher, herzlicher, liebevoller und brüderlicher aufnehme.

Ich will ihn glücklich machen durch aufopferungsvolle Arbeit und tapferen Einsatz.

Ich möchte am Aufbau einer besseren Welt helfen, indem ich selbst besser werde.

Du brauchst mich

Du brauchst mich, damit sich auf Erden das Reich deiner Gnade ausbreiten kann.

Du brauchst mich, damit du zu meinen Mitmenschen sprechen, sie beleben

und ihnen die frohe Botschaft bringen kannst, die du den ersten Jüngern mitteilen wolltest.

Du brauchst mich, um allen Menschen zu beweisen, daß du sie liebst,

um ihnen durch heute verständliche Worte und Taten deine Güte, die das Evangelium offenbart, greifbar zu machen;

damit auch wir wie du die Armen aufnehmen, den Unglücklichen helfen und die Geprüften trösten.

Du brauchst mich, um die verlorenen Menschen zu suchen und zu retten, um dem entgegenzugehen, der fortgehen und den Glauben aufgeben will,

um dem zu begegnen, der dich nicht kennt, dich aber lieben möchte.

Du brauchst mich, um unter den Menschen zu sein, um durch mein Glücklichsein die wahre Freude zu offenbaren.

So hast du es gewollt, Herr: Ich danke dir, Jesus, daß du mich brauchen willst.

Die Zeit ist kostbar

Die Zeit ist so kostbar, weil ich dir jede Minute still darbringen kann.

Ich will sie ganz ausnutzen, nicht um sie zu genießen oder für mich zu gebrauchen,

sondern um sie dir zu schenken, damit alle Stunden dir gehören.

Du hast mir die Zeit zugeteilt, damit ich sie dir ungeschmälert zurückgebe.

Nichts davon soll für mich sein; ich will keine Minute verlieren, weil ich sie dir rauben würde. Zeit ist Liebe – Liebe, die dir zueilt, während sie sich dem Nächsten schenkt.

Ich möchte, daß in meinem kurzen Leben alle Zeit dir geweiht sei, daß alles beitrage zum Fortschritt der Kirche für eine bessere Welt, daß Morgen, Mittag und Abend, alle hellen und alle dunklen Stunden,

Arbeit, Ruhe, Gebet und Tätigsein Stunden der Liebe werden.

Möge die Welt von heute sich anfüllen und überfließen von Liebe!

So viel Elend

So viel Elend wartet auf Rettung, auf dringende Hilfe.

So viel Elend wartet: das große innere Elend der Menschen,

die dich, Herr, nicht kennen, der Menschen, die im Dunkel leben;

das Elend jener, die leiden, ohne den Sinn ihrer Leiden zu verstehen;

das Elend aller, die nicht wissen, warum sie leiden;

das Elend der Menschen, die niemanden haben, der ihnen den Weg weisen könnte;

das Elend aller, die erfolglos nach menschenwürdigerem Leben streben.

So viel Elend wartet, während es der Verzweiflung und dem Zusammenbruch nahe ist.

So viel Elend wartet auf die Hochherzigkeit gütiger Hingabe.

So viel Elend wartet: Du schickst mich hin mit deiner Liebe, die mächtiger ist als alle Ohnmacht des Elends, und imstande, es zu heilen.

Du hast mich stark gemacht

Herr, durch deine Macht hast du mich schwachen und armen Menschen stark gemacht.

Du hast meiner Schwäche Macht verliehen, denn du selbst wirkst in ihr.

Wenn deine Kraft mir nicht zur Verfügung stände, wäre ich nicht imstande,

zu tun, wozu du mich gesandt hast; ich wäre voller Angst;

ich wäre den Pflichten, die zu erfüllen sind, nicht gewachsen, ich hätte keine Antwort;

ich hätte keine Antwort auf Fragen, die nach Lösung verlangen;

ich könnte nicht kämpfen, nicht durchhalten, ich könnte die Schwierigkeiten nicht überwinden.

Doch ich gehe allem entgegen in deiner Kraft, die immer für mich bereitsteht,

die jeden Widerstand und alle Feindseligkeit besiegen kann.

Du hast mich für mein Apostolat stark gemacht, obwohl ich oft meine Fehlerhaftigkeit, meine Grenzen, mein Versagen erfahre.

Wirkst du nicht oft Wunder durch dein unsichtbares Eingreifen, das alles verwandeln kann,

indem du dich meiner Worte und Werke bedienst, so daß sie wirksam werden?

Herr, ich bin glücklich, daß ich keine andere Kraft besitze als die Kraft deiner Gnade.

Große Wünsche

Herr, ich habe große Wünsche und möchte, daß du sie in deinem Erlösungsplan für die Welt erfüllen möchtest.

Du selbst weckst diese Wünsche in mir, weil du willst, daß mein Geist und mein ganzes Wesen sich in glühendem Verlangen dem Werk der Erlösung verschreiben.

Ich muß große Wünsche haben, weil du durch mich Großes vollbringen und mein Leben zu deiner Größe emporheben willst.

Meine großen Wünsche sollen durch Gebet und drängendes Flehen dein Herz so rühren, daß du mich erhörst.

Ich muß große Wünsche und grenzenlose Hoffnung in mir tragen,

mich auf dich allein stützen, weil dein Opfer der Welt alle Gnaden bereits erworben hat, weil du für uns das beste und erhabenste Leben willst

und weil deiner göttlichen Macht, deinen Wunder wirkenden Händen alles möglich ist.

Verausgabe dich ganz

Handle verantwortlich: Schöpfe alle Möglichkeiten bis zum äußersten aus.

Versäume das Gute, das du tun kannst, niemals, weder in Worten noch in Taten.

Laß keine günstige Gelegenheit vorübergehen; jeder Augenblick ist einmalig.

Antworte jedem, der dich ruft, gehe zu dem, der schweigt.

Verschiebe, was man heute von dir erwartet, nicht auf das zweifelhafte Morgen.

Liebe alle, denen du begegnest, liebe mich in jedem Menschen.

Greif zu, unterlasse nicht, was du für gut hältst, was helfen könnte,

was anderen Menschen und der Kirche gut tun könnte.

Werde nicht müde, an die Tür zu klopfen, auch wenn man nicht öffnet.

Laß die Arme nicht kraftlos sinken, wenn du eine Enttäuschung erlebst,

sondern fange jeden Tag mit neuem Mut und hochherzigerer Hingabe wieder an.

Gib aus, was du hast, ohne je zu rechnen!

Gib dein Herz, gib dich ganz und gar mit allem Schwung!

Aus allem werde ich in vollem Maß Früchte für die Ewigkeit reifen lassen.

Daß sie dich lieben!

Daß sie dich lieben, Herr: alle, die fern von dir und fern von der Kirche leben,

alle, die dir näherstehen, dich aber zu wenig kennen, um dir ganz zu gehören.

Daß sie dich lieben, alle, die du rufst, die deinen Ruf jedoch nicht hören, weil sie von anderen Interessen und anderen Sorgen erfüllt sind.

Daß sie dich lieben, alle, die das Bedürfnis empfinden, geachtet und geliebt zu werden,

die aber nicht ahnen, wie sehr du sie liebst und achtest.

Möchten sie dich lieben, Herr, alle, die sich ein falsches Bild von Gott und von dir machen, die dich fürchten oder fliehen und doch erfahren müßten, wer du wirklich bist.

Möchten sie dich lieben, alle, die suchen, ohne den Sinn des Lebens zu finden,

indem sie erkennen, wie sehr sich ihr Leben erfüllen würde, wenn sie dir angehörten.

Möchten sie dich liebenlernen, Herr, dadurch, daß ich alle, die du liebst, liebe, und sie in mir dein Antlitz entdecken, das des Evangeliums!

Immer größere Hoffnung

Herr, laß für die Welt und für mich selbst immer mehr Hoffnung wachsen,

Hoffnung, daß dein Reich zunehme in Gnade und an Glück,

Hoffnung und mehr Glauben, daß deine Offenbarung immer vertrauensvollere Aufnahme finde;

Hoffnung auf Liebe, auf hochherzigere Hingabe, auf echtes Teilen mit anderen;

Hoffnung auf Aufstieg und ständigen Fortschritt der ganzen Menschheit;

Hoffnung auf wachsende Einheit unter allen Gläubigen in der Kirche.

Ich brauche diese Hoffnung, um meine Aufgabe erfüllen und mich ihr von Herzen widmen zu können.

Ich muß erhoffen, wofür ich arbeite: Die Hoffnung entzündet immer von neuem das Feuer des Eifers, wenn er in Gefahr ist zu erlöschen; sie läßt mich weitergehen.

Ich muß die Hoffnung anderer Menschen stärken und unermüdlich neu beleben.

Auferstandener Christus, der du die Hoffnung selbst bist und uns erlöst hast, laß die Hoffnung in uns wachsen wie aufquellendes, eroberndes Leben!

Herr, du hast geliebt

Hilf mir, in meinem Apostolat alle Menschen, zu denen du mich sendest, hochherziger und hingebender zu lieben,

mit freundlichem und von Herzen kommendem Blick spontan alle zu lieben, denen ich begegne;

alle zu lieben, die verachtet, verkannt und verurteilt werden;

alle unbegabten, wenig anziehenden, wenig interessanten Menschen zu lieben;

mehr und taktvoller die zu lieben, die nicht geliebt werden,

mitfühlend und gütig alle zu lieben, die Kummer haben;

feinfühlend die Menschen zu lieben, die ihr Bedürfnis nach liebendem Verstehen verbergen;

verschwenderisch die zu lieben, die niemals wissen werden, wie ich sie liebe,

sie hartnäckig zu lieben, um ihnen den Gott zu offenbaren, den sie ablehnen;

unermüdlich die zu lieben, die sich verschließen, damit ihr Herz sich wieder öffne;

jeden Menschen auf Erden zu lieben und ihm zu zeigen, wie sehr du ihn geliebt hast.

Für andere leben

Heiliger Geist, lehre mich, für andere zu leben, nichts als Liebe zu sein.

Du bist die Liebe in Person, die Ekstase der Hingabe; laß mich leben, indem ich mich hingebe!

Für andere da sein, ihre Sorgen, Lasten und Freuden teilen,

ihre Ängste, Erwartungen und liebsten Wünsche in meinem Herzen auffangen;

vergessen, was ich bin, um darüber nachzudenken, was der andere ist, damit ich sein Leben mitlebe, sein tiefstes Verlangen, das Verlangen nach dem Herrn mitempfinde,

den Glauben, der mich erfüllt, das Glück meiner Hoffnung,

die Liebe, die von dir kommt und mich überströmt, wenn ich mich ihr ganz öffne, in ihn einströmen lasse;

durch liebevolle Kontakte dem Nächsten Christus und seine Gegenwart nahebringe.

Hilf mir, Heiliger Geist, die Menschen ganz einfach so zu lieben, wie sie sind,

damit ich ihnen durch meine echte Freundschaft deine Botschaft und dein Leben bringe.

Meister des inneren Lebens

Von dir allein, Heiliger Geist, erhalte ich die Kraft für mein apostolisches Wirken.

Du allein kannst mein Werk nach den Absichten Gottes zu einem guten Ende führen.

Von dir allein erwarte ich Licht, Kraft und Antrieb, Schwung und Trost.

Ich möchte mich von dir einnehmen und führen lassen, indem ich bei allen Gelegenheiten auf deine leisesten Anregungen lausche.

Ich habe den Wunsch, in dir echten, nie wankenden Mut zu finden,

um mit Freude und Eifer eine schwierige Aufgabe bis zum Ende durchzuführen.

Auf Fragen, die man mir stellt, für die verschiedensten Probleme, denen ich begegne, gib mir die Antwort, flöße mir die Worte ein, die angebracht sind.

Zeige mir, was zu tun ist, welche Wahl ich treffen, wie die Liebe schenken soll.

Möge mein Apostolat, das dein Wirkungsbereich ist, über mich hinauswachsen und in allen Menschen, denen ich nahekomme, Wunderwerke der Gnade vollbringen.

Nimm mich in Besitz

Geist brennender Liebe, nimm mich, mein ganzes Wesen, in Besitz!

Mache alles in mir bereit für den Dienst Christi, damit ich sein Zeuge sei.

Geist Gottes, bemächtige dich meines Verstandes, mache ihn erfinderisch und fähig, die besten Mittel zu wählen, um meiner Sendung zu entsprechen.

Bemächtige dich meines Wesens, meines freien Wollens, damit ich leidenschaftlich alle Entschlüsse ausführe,

Glaube, Hoffnung und Liebe auszusäen und in Not und Ratlosigkeit überall zu helfen.

Bemächtige dich meines kalten Herzens, damit es brenne in einer Glut, die mich zu jeder Hingabe und zu jedem Opfer mitreißt.

Bemächtige dich all meiner Möglichkeiten und Talente, damit sie auf dem Ackerfeld des Herrn zu reicher Ernte heranreifen.

Bemächtige dich meiner menschlichen Schwachheit und meines Unvermögens und mache aus diesen unscheinbaren Mitteln Werkzeuge deiner Allmacht.

Vermehre meine Liebe

Wenn es mir nicht gelingt, bei den Menschen anzukommen oder mich ihnen verständlich zu machen, dann laß mich mehr lieben; denn die einzige Waffe des Apostels ist die Liebe.

Wenn mein Wirken auf Widerstand und Feindseligkeit stößt,

wenn ich vor einer Mauer von Kälte stehe, dann hilf mir, die mehr zu lieben, die mir widerstehen, und ihnen mit Güte und Verständnis zu begegnen.

Wenn ich mich vergeblich bemüht, erfolglos Begegnungen gesucht habe,

laß mich mehr lieben,

andere Arten von Kontakten versuchen, die von größerer Freundschaft zeugen –

oder laß mich einfach in Geduld und Mitgefühl den günstigeren Augenblick erwarten.

Wenn ich den Eindruck gewinne, falsch verstanden oder verurteilt zu werden,

wenn man Einwürfe und Vorwürfe macht, laß mich mehr lieben,

laß mich denen, die mich kritisieren, größere Achtung und noch liebevolleres Wohlwollen bezeigen.

Jedes Mal, wenn der Versuch zu lieben fehlschlägt, laß mich mehr lieben, damit der Sieg, den du der Liebe schenken willst, allein dein Werk sei.

Dienen

Du bist zu uns gekommen, Herr, nicht um bedient zu werden, sondern um zu dienen.

Du verlangst von uns, daß wir in unserem Apostolat als Diener handeln.

Lehre uns verstehen, was es heißt, in allen Gelegenheiten allen zu dienen:

dienen, nicht unseren eigenen Vorteil noch unsere eigene Ehre anstreben,

niemals auch nur das kleinste Privileg oder den geringsten persönlichen Vorteil suchen.

Dienen, uns hingeben, ohne unsere Anstrengung und Mühe zu berechnen;

wenn wir von dir sprechen, für dich Zeugnis geben, dein Evangelium verkünden,

es nicht überheblich tun, sondern dienend allen Menschen gegenüberstehen.

Dienen, indem wir überall den letzten Platz einnehmen und glücklich sind, wenn wir vergessen werden;

gern hinnehmen, wenn wir nicht verstanden, nicht geehrt werden,

die niedrigsten Dienste und unangenehmsten Arbeiten mit besonderer Liebe tun.

Dienen, indem wir den Brüdern zur Verfügung stehen, wenn sie uns rufen;

jeden, der kommt, aufnehmen, geduldig anhören, ihm gütig antworten;

jedem geben, was wir geben können, indem wir deine Güte schenken.

Mitarbeiten

Herr, laß mich niemals so arbeiten, als ob ich allein wäre,

sondern als Glied einer Gemeinschaft, in der alle ihre Aufgabe haben.

Mach mir bewußt, daß meine Arbeit mit der Arbeit anderer Menschen verbunden ist, daß wir uns gegenseitig brauchen.

Laß mich das Glück empfinden, meine Sendung als Gemeinschaftsaufgabe erfüllen zu können,

laß mich durch eifriges Helfen am Erfolg eines jeden mitwirken.

Ich will mich glücklich schätzen, wenn ich vor meinen Mitarbeitern zurücktreten kann, um dem erstrebten Ziel besser zu dienen.

Wenn ich ernte, was ein anderer gesät hat, so will ich gern auch für andere den Samen aussäen.

Laß mich niemals dem Ehrgeiz nachgeben, niemals rivalisieren wollen;

laß mich aufrichtig wünschen, mit anderen übereinzustimmen, mich mit ihnen zu verstehen, ihnen brüderlich helfen.

Stütze mein Bemühen, wendig, verständnisvoll und verbindlich zu sein,

damit das Apostolat in der Gemeinschaft von Menschen ausgeübt werde, die sich lieben.

Verleihe, daß diese Verbundenheit ein kraftvolleres Handeln möglich mache!

Mach mich geduldig

Herr, gib mir für meine apostolische Arbeit Geduld, viel Geduld!

Geduld, die jeden Menschen, der zu mir kommt, geduldig aufnimmt und freundlich,

gleichviel zu welcher Stunde, an welchem Tag, wie es mir auch gehen mag:

ob ich müde, von Arbeit überhäuft oder schlechter Laune bin.

Laß mich geduldig ertragen, wenn die Gnade die Hindernisse nur langsam überwindet,

weite Wege macht, um ein widerspenstiges Herz zu erobern.

Laß mich in Geduld den freien Willen jedes Menschen achten,

der seine Wahl auch auf Umwegen treffen und manchmal launenhaft seine Unabhängigkeit beweisen will.

Laß mich in Geduld auf den günstigen Augenblick warten, ehe die Tür sich auftut,

geduldig Mißerfolg ertragen, bis das Ziel erreicht ist;

geduldig verzweifelten Fällen begegnen, ohne die Hoffnung zu verlieren;

trotz aller Rückschläge weiter an den Fortschritt der Kirche glauben

und an die Vollendung der Welt, weil deine Gnade in ihr stärker ist als die Sünde.

Gaben, die Frucht bringen

Herr, du verlangst von allen Talenten, die du mir gegeben hast, Rechenschaft.

Du hast sie mir für die Kirche und für die Menschheit verliehen.

Ich habe nicht das Recht, auch nur eins in der Erde zu vergraben, um es gut, aber ohne Nutzen, aufzubewahren, um es dir unverbraucht zurückzuerstatten.

Eine gute Verwendung, auch wenn sie Risiken einschließt, gefällt dir besser als der Eifer, der allzusehr darauf bedacht ist, das Talent in einem sicheren Versteck zu schützen.

Laß nie zu, daß ich mich mit dem zufriedengebe, was ich an Positionen gewonnen habe.

Flöße mir Mut, Erfindungsgabe und schöpferisches Suchen ein.

Mach mich einfallsreicher, eifriger in der Benutzung aller Gelegenheiten,

eine große Anzahl meiner Brüder Nutzen ziehen zu lassen aus den Talenten, die du mir gegeben hast.

Verleihe meiner Arbeit und meinen täglichen Anstrengungen immer neuen Reiz, weite meine Pläne, damit meine Talente ganz ausgewertet werden und hundertfältige Frucht bringen.

In der Stunde des Mißerfolgs

Wenn unsere menschlichen Pläne und irdischen Stützen zusammenbrechen,

wenn von den schönsten Träumen nichts als Ernüchterung zurückbleibt,

wenn die höchsten Anstrengungen und der beste Wille das gesteckte Ziel verfehlen,

wenn Aufrichtigkeit und Liebeseifer nicht mehr ausreichen

und der Mißerfolg trostlos und grausam alle Hoffnung zerstört,

dann bleibst du, Herr, unser allmächtigster Freund, unerschütterlich und stark.

Deine Pläne sind nie zu bemängeln, deinen Willen kann nichts hindern, zum Ziel zu kommen.

Deine Träume von apostolischen Zielen sind noch schöner als die unseren, und du verwirklichst sie.

Mißerfolge dienen deinem größeren Triumph, du wirst niemals besiegt.

Du erweckst aus dem Nichts das Wunder des Werdens und des Lebens,

du nimmst unsere Ohnmacht liebevoll in deine schöpferischen Hände,

du bildest aus ihr eine Frucht, die allein dein Werk ist und alle unsere kühnsten Hoffnungen übertrifft.

Du bewahrst unsere Hoffnung vor dem Zusammenbruch und erfüllst sie schließlich voll und ganz.

Niemals mutlos

Herr, du erwartest von deinem Apostel, daß er nie den Mut verliere.

Niemals mutlos – trotz aller Hindernisse, trotz aller Kritik,

trotz des Widerstandes der Menschen, die uns eine Stütze sein sollten.

Niemals mutlos, weil du da bist und mir zur Seite stehst.

Niemals mutlos, auch wenn Schmerzen und Müdigkeit mich erdrücken,

obwohl ich versucht bin, den Posten aufzugeben, weil ich ihn zu schwer für mich finde.

Niemals mutlos, denn du stellst meine Kräfte wieder her und verschaffst mir Ruhe.

Niemals mutlos – trotz Mißerfolg und enttäuschter Hoffnungen, weil du selbst das Kreuz gebraucht hast, um dein Werk zu vollenden.

Niemals mutlos, sondern immer bereit, den Kampf und die Anstrengung wieder aufzunehmen,

denn du weckst frische Hoffnung in mir, die mich von neuem antreibt.

Sich Zeit nehmen

Herr, ich will mir wirklich Zeit nehmen, um dich in friedlicher Stille zu lieben, dich zu erkennen, mit dir zu sprechen und dich anzuschauen.

Ich will mir Zeit nehmen zum Beten, damit ich deine Gegenwart spüre und deinem liebeerfüllten Blick begegne,

indem ich in inniger Vertrautheit mit dir lebe.

Ich will mir Zeit nehmen, um mich dir zu öffnen; ich will dir meine nagenden Sorgen überlassen, damit ich in dir das eine Notwendige wiederfinde.

Ich will mir Zeit nehmen und den Wettlauf in Hetze bei der Arbeit meiden, weil sie nur zu fieberhafter Geschäftigkeit führt und aus dem Apostolat nichts als pure Arbeit macht.

Ich will mir Zeit nehmen, um den Sinn meines Apostolates zu vertiefen und den Hauch des Geistes für das erwartete Wort und das geforderte Tun zu spüren.

Ich will mir Zeit nehmen, meine ganze Hoffnung auf dich setzen und die Frucht meiner Mühen nur von dir und der Gabe deiner Liebe erwarten.

Ich will mir Zeit nehmen zu lieben, damit die Quelle der Liebe in dem allzu trockenen Boden meines Ich wieder aufsprudeln kann

und das Glück, dienen zu dürfen, neu aufstrahle.

Komm, sprich in mir

Weil die Botschaft, die ich verkünden soll, dein Wort ist,

weil deine Sprache, nicht die meine, verstanden werden muß,

komm, Herr, sprich dich selbst aus in allem, was ich sage; sage, was du sagen möchtest.

Gib mir deine Gedanken ein, damit sich in allem, was ich sage, deine Weisheit offenbare.

Wähle meinen Ausdruck, damit er deine Lehre richtig und klar wiedergebe.

Gib vor allem, daß ich mich meinen Zuhörern anpasse und verstehe,

wie sehr ihr Geist und ihr Gemüt nach Antwort verlangen.

Wenn ich mich anstrenge, um nach besten Kräften zu sprechen, mach dir meine Worte zu eigen, damit sie ein Echo finden;

denn du allein kannst ihnen Leucht- und Wirkkraft verleihen,

du kannst sie so lenken, daß sie ihr Ziel erreichen,

du allein kannst durch meine allzu schwachen Worte die Tiefe des menschlichen Wesens berühren.

Mach mich unermüdlich

Herr, du hast mich in deinen Dienst gestellt; nun mach mich unermüdlich in der allzu großen Arbeit, die du durch mich leisten möchtest.

Du willst, daß ich vielen dringenden Anforderungen entspreche, in großer Trostlosigkeit helfe,

viele leise Anrufe höre, die von dir, von dir allein das Heil erwarten.

Damit ich allen helfen kann, die auf deine wunderbare Hilfe hoffen,

damit ich niemandem etwas abschlage, niemanden entttäusche,

mach mich unermüdlich, laß mich meine Kräfte ganz verausgaben,

meine Hochherzigkeit und alle meine Möglichkeiten ausschöpfen.

Wenn ich mich körperlich müde und von der Arbeit erschöpft fühle,

laß mich geistig unermüdlich bleiben,

immer bereit, die begonnene Aufgabe wieder aufzunehmen

und nach erholsamer Ruhe zu neuer Anstrengung aufzubrechen.

An den Erfolg glauben

Herr, laß mich glauben, daß meine Arbeit Frucht bringt, wenn auch nur unsichtbar.

Ich möchte allzu oft ein greifbares Ergebnis meines Tuns in Händen haben,

es mit meinen Augen erfassen, es sofort abschätzen, seine Reichweite messen.

Ich möchte sehen und berühren, was ich fertigbringe, und es in meine Hände nehmen,

als ob dein Wirken im Innern des Menschen bemerkt werden könnte!

Die wahre Fruchtbarkeit der apostolischen Tätigkeit ist ein Geschenk des Heiligen Geistes;

es entzieht sich meinen Sinnen, meinem Urteil, es gehört dem Bereich des Glaubens an.

Da du unser aller Mitarbeit zum Wohl deiner Kirche verlangst,

läßt du unser Mühen niemals fruchtlos bleiben, wenn es auch noch so erbärmlich ist.

Es gibt kein Handeln, kein Wort, das unnütz wäre.

Laß mich an diese Erfolge unter allen Umständen, auch bei Mißerfolg, glauben.

Wenn ich davon überzeugt bin, festigt sich mein Bestreben, nichts zu vernachlässigen von dem, was ich tun und versuchen kann, um meiner apostolischen Sendung treu zu bleiben.

Versagen

Wenn du von Menschen sprechen hörst, die mich verlassen,

dann urteile nicht – bete!

Du erfährst, daß ich schweige, daß ich verborgen bleibe und doch hoffe.

Bleibe auch du still, hoffe weiter trotz aller Enttäuschung.

Verliere deinen Schwung nicht, halte nicht gleich alles für verloren, hänge nicht düsteren Gedanken nach.

Der Schmerz wird **mir** zugefügt, meiner verwundeten Liebe, und sie verbirgt ihr Geheimnis.

Trotz allen Versagens, trotz zahlreicher Sünden gehört der Sieg mir.

Vertraue meiner Gnade, die das Böse in Gutes verwandeln kann.

Siehst du, wie Menschen mich verlassen, sei um so treuer: Ich zähle auf dich!

Wenn du die menschliche Schwäche und deine eigene Gebrechlichkeit besser erkennst,

wirst du dich, um treu zu bleiben, mehr auf die Kraft Gottes stützen.

Sage mir immer wieder, daß du mich niemals verlassen wirst,

daß du mich inniger lieben und für mich und mein Reich hochherziger arbeiten willst.

Sie sind mit dabei

Herr, in der apostolischen Arbeit, die du von mir willst, bin ich niemals allein.

Die ganze unermeßlich weite Kirche ist mit dabei und unterstützt meine Anstrengungen.

Alle, die für mich und mit mir beten, sind meine Mitarbeiter.

Durch ihre Fürbitte und stille Aufopferung stehen sie mir zur Seite.

Sie erlangen geistige Früchte für mein Wirken.

In der Stunde der Gefahr schützen sie mich wachsam und treu.

In der Stunde des Kampfes rüsten sie mich aus mit den Waffen deiner göttlichen Kraft.

In der Stunde der Niederlage halten sie meine Ausdauer aufrecht.

Wenn ich mich schwach, machtlos, hilflos oder am Ende aller Möglichkeiten fühle,

sammeln sie für mich Schätze an Kraft, die meinen Eifer erneuern.

Ihre Liebe umgibt mich und hebt mein Tun über mich selbst hinaus;

sie erfüllen es mit Liebe, Hingebung und Opfergeist, um es fruchtbar zu machen.

Inhaltsübersicht

Da bin ich 5
Du verfügst über die Zeit 7
Überall, wo du mich haben willst 9
Apostel sein 11
Ist mein Leben nützlich 13
Ihr werdet meine Zeugen sein 15
Begründe dein Reich in mir 17
Du brauchst mich 19
Die Zeit ist kostbar 21
So viel Elend 23
Du hast mich stark gemacht 25
Große Wünsche 27
Verausgabe dich ganz 29
Daß sie dich lieben! 31
Immer größere Hoffnung 33
Herr, du hast geliebt 35
Für andere leben 37
Meister des inneren Lebens 39
Nimm mich in Besitz 41
Vermehre meine Liebe 43

Dienen 45
Mitarbeiten 47
Mach mich geduldig 49
Gaben, die Frucht bringen 51
In der Stunde des Mißerfolgs 53
Niemals mutlos 55
Sich Zeit nehmen 57
Komm, sprich in mir 59
Mach mich unermüdlich 61
An den Erfolg glauben 63
Versagen 65
Sie sind mit dabei 67

*In der gleichen Ausstattung
sind im Johannes-Verlag Leutesdorf erschienen:*

Gottes Nähe Gebete
1983. 9. Auflage. 80 Seiten

Zum Heiligen Geist Gebete
1983. 8. Auflage. 80 Seiten

Den Glauben beten
1977. 4. Auflage. 72 Seiten

Apostolisch Gebetsanregungen
1973. 2. Auflage. 72 Seiten

Christliche Grundwahrheiten
1984. 3. Auflage. 72 Seiten

In Hoffnung leben
1979. 3. Auflage. 90 Seiten

Geborgen
1980. 4. Auflage. 80 Seiten

Unser Vater
1982. 3. Auflage. 80 Seiten

Verlangen
1976. 2. Auflage. 80 Seiten

Zum Herzen Jesu Gebete
1982. 8. Auflage. 72 Seiten

Jesus Christus Gebete
1983. 3. Auflage. 72 Seiten

Vertrauen
1980. 5. Auflage. 88 Seiten

Über die Liebe
1977. 7. Auflage. 88 Seiten

Für die Welt Fürbittgebete
1975. 3. Auflage. 80 Seiten

Maria
1984. 6. Auflage. 100 Seiten

Stets DIR zugewandt
1983. 2. Auflage. 72 Seiten

Ein Armer betet
1976. 72 Seiten

Friede
1977. 72 Seiten

Ja Besinnliches Beten
1979. 56 Seiten

Leben im Licht
1975. 56 Seiten

Beten und Charisma
1976. 64 Seiten

Mit offenen Armen
1977. 64 Seiten

Danke
1983. 2. Auflage. 56 Seiten

Beten, um zu lieben
1979. 72 Seiten

Du rufst — ich antworte
1979. 72 Seiten

Mein Tag
1983. 44 Seiten

Von deinem Wort ergriffen
1983. 40 Seiten

Im Antlitz deiner Liebe
1983. 40 Seiten

Hab Mut!
1983. 40 Seiten

Zu beziehen durch die *KSM*
Katholische Schriften-Mission, D-5451 **Leutesdorf** am Rhein